경호강

경호강

이명혜 시집

月刊文學 출판부

| 시인의 말 |

눈부신 햇살이 내리는
들녘에 서거나
흙먼지 날리는
길 위에서도

마음바닥을 흐르는
경호강 물소리 깨어나는 곳
그곳에
시의 씨앗이 살아가고
끊임없이 뒤척이며
생존의 의미를 확인하며
나를 만나는 곳이기에,

차례

제2부

제3부

제4부

| 작품해설 |

제1부

술래잡기
—자화상

술래잡기 놀이는 나를 찾아내는 일이다

해질녘 아이들 뿔뿔이 돌아간 놀이터
떡갈나무 그림자 사이 전봇대를 돌아
나의 술래놀이는
신새벽부터 으스름 저녁까지 잡히지 않는

이생의 놀이다

탱자꽃잎 떠나가고 대꽃잎 날아간
그 길
비로소 보이는 시간

나는 허공 바람에 날리는 잎새
일렁이는 경호강 물그림자였음을.

경호강 · 1

——沼

경호강 沼는 돌아야 만나는 마음자리다

비늘이듯 앙금이듯
허무러지고 으깨어져 붉은 울음이
느슨해질 때
강의 몸 안은 맑디 맑다

몸속 흐르는 물소리
바람새의 울음도 강물의 몸 뒤집는 소리
맴돌아 그리며 벽을 넘고 들어선
여기

하늘별도 닮아 가듯 흐르는 것들이 돌아
돌아서 만나는

사라져 가는 것들의 꽃자리.

경호강 · 2

—풍랑

강노을에 서면 붉은 깃을 매다는 물결을 본다
급류에 밟히고 짓이겨 패인 물자리
넓고 깊게 물들어 간다.
꿈틀대는 물이랑 갈피마다
산이 되고 구름이 되는
초록으로 물들이는 풍랑을
보라

흔들리며 흔들리는 힘으로 일어서는
물새의 눈부신 날개
우주를 맑게 물들일 것이다

그래
넓고 깊은 푸르른 숲
날개를 퍼득이며 눈부신 깃을 매다는

오늘
우리 반도의 물새는
패인 물자리를 딛고 경계를 넘어 날아오른다.

경호강 · 3
—물풀

찰싹 붙어 산다

뱀사골 계곡 지나 바닥에 엎드려
물이끼로 스미기도 살 속 깊이 파고들어
때로는 허공 먹구름으로
덕유산 계곡 흐르다
자갈돌 붙어
그 가슴 실핏줄 되어 몸속 돌아다닌다

동그란 그리움
가슴 활짝 열어젖히는

그날, 산다

한 마음으로
번지는 무더기 무더기 풀꽃
반도의 슬픔을 증언하다

어디든 붙어 산다.

경호강 · 4
—떠나 사는 강물

온몸 살이 뼈가 허물어져 떠나 산다

지리산 덕유산 계곡 지나
굽이 돌아
나를 넘어 넓어지는 나를 꿈꾸며 간다
달빛도 물풀도
천장의 넋을 흘려 보내며 살아간다

핏빛, 얼룩진 혼을 건져 마알갛게 닦아 산다

울음도 말라버린 맨바닥을 적시며
긴 밤을 건너
나를 넘어 사는 우주의 이슬 방울

생명의 물길 얻기까지 떠나 산다.

경호강 · 5

—꽃 필 무렵

꽃 필 무렵이면 안다

노랑나비 봄하늘
뿔뿔이 길 찾아 떠나도
저녁 노을 산마루 넘어
널비마을로 내려올 것을 안다

밤나무 키워내는 왕모래일 망정
산새 풀꽃 물방개 꽃잎
구형왕 만나기를
봄꽃 물들이기 간절함이다

산 가슴 가슴마다
할아버지
할아버지 얼이
안개비로 날리는데

차마
꽃봉 찢어지며 물길오르는 패랭이
꽃잎 말씀

허공길 걸어나올 것 안다.

* 구형왕 : 가야의 10대왕. 나라를 구하지 못해 흙에 덮일 수 없다며 돌로 덮어 달라 했음.

경호강 · 6
—그림자의 언덕

강물에 중심이 없다

물새도 뱃고동 소리도 돌아갈 수 없는 길
천천히 걷는 뒷모습을 본다

위로
아래로
낮은 속살 갈피마다 물들은 추억
은빛 날개는 허공에 그림자의 언덕을 만드는
강의 손
사라지기 위해 존재하는 것

저건, 기다림
그리움 뒤에 오는 절망

흩어져 가는 강의 줄기 한 곳으로 모인다
느슨히 걸어가는 길목마다
꿈들을 떨구며 사라져 간다
햇살을 공굴리며 미처 남아 있는 것까지.

경호강 · 7

—강의 집

강물의 집은 하늘이다

잿빛 구름으로
필봉산 계곡에 걸터앉기도
벽소령을 감싼 구름기둥으로
미끄러지고 뒤집히며
문명의 힘을 먹고 사는 욕망덩어리
하늘 손아귀에 모여 산다

불룩해진 뱃속 냄새나는 쓰레기
잠깐 동안 조명 속
이승과 저승 서성이는 음모를 꿈꾸는가

물안개라 할 수 없는
중미산 허리에 붙들린 운무
어둠 속 미명으로

강은 하늘 제 집을 찾아가는 길이다.

경호강·8
—어머니의 물

안타까움일까

강물에 상추 쑥갓 헹궈내다
건져올리지 못한 실파 한 가닥
어딜까
한 생의 순간 강기슭에 붙들려
어둠이 물들었는지
흔들리는 바람에 눈멀었는지
울음이 긴 밤을 달려간다

경호강의 뿌리는 하나의 실핏줄로 이어가는 것

본티 마을 꽃자리 얼이 살아
초롱불 딛고
목마름의 정신으로 이어가는

어머니의 물 맑히는 일이다.

경호강·9

——동명항에서

속초 동명항에서
바다와 하늘 사이 금을 보았다
분명
저 금 사이
왁자한 소음과 고깃배가 사라지고
그러나
어둠과 눈부신 금이
존재하는 빛의 한 세상이 산다

돌을 던져도 닿을 수 없는
죽음과 삶이 맞닿은
존재의 한 세상
저 금 속으로 새 떼도 고깃배도 수몰해 간다.

경호강 · 10

—어제와 내일

허공문을 밀어올리는 저 물안개
저건
어제의 물꽃 안개는 아니다

벌바위 안개는 잿빛 구름으로 상수리나무 둥지로
메마른 가지 위
꿈꾸어 온 어제의 자락을 끊어내는 물살로 떨어져 간다

하늘빛 닮은 금강산 물결이 굽이 돌아
울음이 된 임진강
둥
둥

봄 고향 마을 생명수로 8도 강산
내일 향해 문을 열어 가는
물안개의 미래는 어제인 것을.

경호강 · 11
—강물 소리

애닮다
강물 소리는 물안개로 가슴바닥 울며 산다

달빛 별빛의 영롱함으로
일렁이는 파도의 심장으로
어디든 젖어 살아가는 그리움이다

왕산과 논뜰을 껴안은 살바람 소리
소리를 불러 의연함으로
이어진 핏줄이다

가슴 한쪽 흘러든 소리 한 자락 뽑아 쥐면

물그림자로 탱자꽃잎으로
동그랗게 번지는 것들이
역사가 되고 시간이 되어 소리꽃 핀다.

경호강 · 12

—강물이 지워진다

강물은 허공의 무지개로 들꽃으로
떠돌아 사는 목숨이다
흔들리는 生이기에
널비마을 강변 국밥집이 소전거리, 포목상이
흘러들어
바람꽃으로 떠돌다
지워지는 시간이다

달빛 물결 밟으며 오는 빛알
흰밥은 더욱 하얗게 돌아 사는
내려가기 위해 날아오르는 물의 파편
보라
눈바람으로 불길로 공기로 오르는
존재들이 지워진다.

경호강 · 13
—소리깃 엮다

강물이 애초부터 구름이 아닌 것을
몰랐다
일그러지고 뒤틀리는 분노의 비바람으로
달빛 별빛 밟아
풀벌레 울음으로 맑은 소리깃을 엮어
그러나
세상을 푸르게 물들이는 빛소리로 혼자 놓아 산다.

빈 들녘 눈발도 바람도 아닌
뱀사골의 물길이 먼 바다를 찾아 가는 동안
가을 물새 한가롭게 서녘하늘을 떠나간다.

처음부터 물새는 강의 것이 아니므로.

경호강 · 14

—피라미와 은어

피라미 은어는
물풀이나 자갈돌 버려두고 강바람 따라 새의 울음 따라
떠나 산다.

자신을 묻어두고 넘실대는 그 자리
돌아올 수 없는 바다로 스며들어 살다가는
저건
얼음벽에 꽝꽝 박히는 물무늬
얼룩진 시간일 것이다

애써
물풀 한 잎 한 잎 자리를 비우고 떠나는
해질녘
길어올린 새순의 흔들림

흔들림은
가야의 정신일 것이다.

경호강 · 15

—샛강이 떴다

비 그친 후 유림 가는 샛강이 떴다

필봉산 덕유산 넘어 불타는 노들강변
복숭아밭 가로질러 내달리는 새 떼들
하늘구름 멀고 가까운 길 당겨 가는 샛강
보라
꽃등 메고 홀로 가는 저 길조차 한 골짝 쓸려 가기까지
산등성 등성마다 참깨꽃 지고피고
부풀렸든 물살 중심 잡느라
끙끙

그때 유림 가는 샛강 물살 들여다보면
안다
저토록 아린 상처의 길
공중에 들판에 어디서나 열리고 닫히는 것을

저건
네 몸과 영혼 속 가둘 수만 없는
뜨거움 북받쳐 오름이라는 것을.

경호강 · 16

—누군가 앉았다 간다

노랑나비도 하늘 새도 앉았다 가는 꽃자리

누군가 거미집에 앉았다 간다
하늘 허공에 매달린 씨줄 날줄
찔레 덩굴꽃 피어내듯
피었다 지는 물자리

문과 문 사이
빛살이 흐르다 스러지는
너와 나
경계가 무너지는 곳

하루의 건널목

거미도 물새도 돌아가는
집
우주인 것을.

경호강 · 17
—흐르는 것은

산도 하늘구름도 경호강 물결 속
돌아 흐른다

내 고향 강물은 산비탈 아래
그 아래로 벌바위를 돌아갈 때
나는 물결의 푸른 줄기 되어 흐른다
산마루에 걸린 노을빛도 발목 붙들린 달무리도
돌아나온 곳으로 날아가는 것
흐르는 것들은 떠나온 곳으로 돌아가는
그래
강물도 노을도 별빛도

한 몸을 이루기 위해
한 곳으로 흐르는 것을.

경호강 · 18
—다리목에 서면

강의 바닥을 보면 안다

이를테면 물살에 흔들리는 강바닥에 머리 꽂은 물풀의 흔들림
그 흔들림
나의 믿음이 주는 영혼의 알목숨인 것을
보라
이미 나는 뜻을 좇아 다시 돌아갈 수 없는 물풀의 뿌리에 나를 묻는다

경호강의 물풀과 밑뿌리를 이어 주는 그 사이
참믿음이 쓴웃음을 삼키며 갈피를 잡아 주는
바닥이 있기 때문이다

물풀은 힘으로 살아가는 것이 아니라
바닥에 마음을 박은 참믿음이 살아 있기 때문이다

삶을 이어 주고 만나는 다리목에 서면
강의 밑바닥이 환히 보인다.

경호강 · 19
—늘비의 봄비

먹구름이다

오도 가도 못하는 산마루에 걸린 먹구름 한 조각
살아도 죽어 있는 듯
분명
먹구름 울음소리 들었는데
천둥번개가 스쳤을 뿐
물푸레나무에 걸린 늘비의 봄비 흔적조차 없다
먼 하늘 산마루에 걸려 울음을 견디는 먹구름

저 먹구름을 부셔 버려야만 쏟아낼 목숨인데
벽 속에 갇혀 움쩍달싹할 수 없다
그러나
툭툭
터져 나와야 할 이 봄날의 혼

길들지 않은
늘 모자란 영혼.

* 늘비: 산청군 생초면 마을 이름.

경호강 · 20
——구형왕의 돌무덤

깜장 돌멩이 하늘 솟아 흐른다

이 강산
강정들판 돌무덤을 돌아가는 강물길
실뿌리로 솟아 흐른다

깜장 돌무덤이
필봉산 풀꽃 수레에 실려 지리산 공비로
안개 너머 가신 최씨 할머니
우주로 돌아간 것을
경호강은 알까

보라 동이의 하늘 구형왕의 돌무덤
가야 백성 울음이 계곡을 돌아 흐른다

깜장 돌멩이 빛으로 날아
가야의 한마음이
경호강 물결로 이어 흐른다.

* 구형왕: 가야의 10대왕 나라를 구하지 못해 흙에 덮일 수 없다며 돌로 덮어달라 했음.

경호강 · 21
—기다림

꽃가지에 매달린 꽃잎을 만날 때
물의 정적이 수평을 이룬다

창틀과 바닥 사이 물길
잡동사니로 덜그럭대도
끝내 한 몸을 이루는 것

흙탕물이었다 도랑물이었다
헐떡이는 물길
샛강을 건너려 할 때
그래
사슬에 묶인 자신을 스스로 내려놓을 때까지
새싹을 피우기까지
씨앗을 품어야 산다.

경호강 · 22

잠결에 누군가 들어선다

울음인지 신음인지
피라미도 꺽지도 물새도 뱃머리에 기댄 채
깜박 깜박
그러나
천년 전 소리로 간절히 운다

구겨진 어망도 낡은 나룻배도
휘청이며 하루를 건넌다
남의 것도 북의 것도 아닌
물빛

너무 오래 긴 잠 속으로 흘러들어가는
간절한 울음소리

누구일까

경호강 · 23

—수동마을 너머

수동마을 경계를 넘을 때 물살에 실려 넘는다

물안개꽃으로 허공바닥에 납작 엎드려
산기슭 먹구름으로 살바람으로
툭툭
어두운 깊은 골짝 실핏줄로 한없이 깊은 잠 속 날려가다

파도 너머 너머까지
능선을 넘어 자신을 던질 때 정수리로부터 부서지는
빛이 경계로 선다.

경호강 · 24

—우륵을 만나다

너를 안고 줄을 고르는 동안
산수유 꽃봉이 너럭바위가 뜨고 지는 정정골 든다

나비의 날갯짓이
그 날개에 얹혀 정정골 가얏고 울음이
정든 골목길로 징검다리 건너 산자락을 넘는다

굽이마다 이랑마다 너의 울음소리
돌담길과 정든 얼굴 그 숨결이 마을을 맴돌아 젖어 산다

대가야의 혼이 천년을 돌아
돌아 하나의 뿌리로 이어 흐른다.

경호강 · 25
—MSG

우리 밥상에 MSG 꽃이 핀다

이 여름
방전되는 순간까지 우리의 땅 흰옷 입은 거리
목구멍이 즐기는 MSG
4방 허공을 흩어져 날린다

햇살로 미세먼지로
生의 하늘 밑을 날아 내리는
그러나
내 몸속 깊게 흐르는 물소리 들리지도 보이지도
먹고 마시지 않을 수 없다

물 위에 물 아래 국적도 종족도 없는 것들
세상 어디서나
불쑥
바닥을 밀고 오르는 MSG가 온다.

경호강 · 26

가슴 한복판을 흐르는 신음 소리 들린다

때로는 가뭄을 애태우는 아픔의 소리로
물안개로 물거품으로
대로는 아우성이 되어
벌바위 후려치는 채찍이 된다

반도의 숲은 어디일까
저 소리의 고향은 어디일까

안타까움이 탄식 소리로
그리운 마을
마을 골목길을
돌아
반도의 가슴속을 찾아든다.

경호강 · 27

—DMZ 건너기

기찬 일이다
함부로 넘을 수 없는 고대산 철조망 낭간에 걸린
눈먼 두 마리 나비

숲 탓일까 불바람 탓일까
이쪽과 저쪽 바다와 갯벌
완강히 버티고 선 DMZ

나비는 들판 패랭이 꽃밭 찾는 혼 꿈만 꾼다
꽃물결 되어 돌아오기까지
동해물의 혼 5천만의 울음이 불빛 따라 거리를 헤맨다
동서의 물결이 DMZ를 건너기까지
빈 하늘만 불탄다

찰조망에 걸린 나비의 속살이 탄다
어긋난 허리 삐걱일 망정
8도 강산 훨훨 날아야 산다.

경호강 · 28
—그날을 말한다

불빛 물새 널비의 하늘 구름이
그리고
덕유산 지리산 이어 흐르는 물결이 동그랗게 모여 산다

흘러 들어온 봄이 먼 길을 떠나
다시 물길이 벌바위 밤꽃으로 뿌리 적실 때쯤
그날 말할 것을

우리 아픈 기억
덕유산 봄꽃이 수문이
눈 귀 입이 막혀 있음을

저들
그날 밤이면 별빛 달빛 아래 걸어 나와
슬픈 민족의 단절을 말할 것을.

경호강 · 29
—팔봉산 오르기

온몸 신열이 오른 한 철의 봄산이 어깨를 들썩인다

패랭이 실뿌리로 가문비나무 잎새로
바람으로 불길로 산을 오르는 봄
필봉산 오르는 길이 어디 쉬운 일인가

놀라운 일이다
산의 척추가 허무러지고 잘려 나가
찍힌 자국마다 꽃눈 틔워 바닥 드러낼 줄 알지만
웅성웅성
거친 숨결로 일어서는 필봉산의 봄

봄산 등성 아래 산 아래로 가문비나무 밀어내고
또한
제 몸 활짝 열어
한골짝에 이르게 할 것을 필봉산은 안다.

경호강 · 30
—물그림자

그랬다.
하늘이 내린 필봉산 은 희망이다

그래, 물그림자
수천년 부대끼며 닮아 살아
강을 떠난 물길이
지나는 곳에 실뿌리로 아픔이 되어 산다

안과 밖
스스로 이겨내려 물길 건너는 물그림자
엉거주춤

필봉산 자락이 초록을 불렀는가

그래
뒤돌아보면 흘러나온 곳으로
뻗어가는 실뿌리
물갈피마다
씨앗 알갱이를 낳아 기른다.

경호강 · 31

경호강은 고향에 두고 온 생명이다

물안개는
필봉산 자락에 걸터앉은 먹구름
일렁이는 파도의 심장이다

탱자꽃잎으로 민들레 꽃씨로
봄 산자락을 노니는
너는 중천의 하늘자리로 돌아가는 존재

왕산과 논뜰을 껴안은 이생의 목숨인 것을

고향 돌아와 이제 알았다.

경호강 · 32

내 고향 경호강은 피래미 꺽지의 집이다

그러나
널비마을 안개꽃으로 밤꽃 향기로
떠나가기 위해 태어나 살아온 여기
생명꽃 되어 돌아온다

필봉산 자락 알밤나무 꽃잎으로 민들레 꽃씨로
집 떠난 것들이 돌아오는
영혼의 집

지금
경호강 물길이 되어 왕산과 논뜰을 껴안고
피래미 감꽃잎이 되어
살아 있는 것들의 생명이 되어
시냇물도 계곡물도 껴안고 하나의 새로운 세상이 되어 돌아오고 있다.

제2부

바람 바퀴가 지나간 자리

싱크대 밑
바퀴벌레 지나간 자리 꽃무늬를 본다

턱 위 하늘과 바닥을 향해
남에서 북으로
북에서 남으로
어찌
울퉁불퉁 바퀴의 행렬이 지난

아무 일 없다는 듯 아무 탈 없다는 듯
그래
난간에 애써 오른 자리
단단히 제 몸 조이며 묶어
길을 낸

허리 삐인 자국일 거야

막힌 핏줄 열어젖히는
속속 마음 바닥이
꽃무늬 또렷이

무궁화꽃 한 송이 터진다.

하나의 눈발로 날다

불탄다
꽃잎이듯 눈발이 김장 배추 속으로 날아
배추 속잎이 탄다

눈바람이 지나간 자리마다
지고 피는
배추 속살의 슬픈 꿈
어쩌지, 저건
새 하늘 땅을 열어 가는 눈빛인 것을

감춘 슬픔이 등뒤로 날아간다
5천만 함성이
눈바람으로 날린다
어둠의 정적 그 마음 캐내는 날

눈꽃은 한 점 빛알
탄다
속속 배추 속잎
불탄다.

풀잎 냄새

돌아 산다
용마폭포공원 풀숲, 바람이랑 어우러져
풀잎 냄새
바람에 밀며 밀리며 산다

날아 사는 것들은 바람 속으로
지는 노을 속으로
어스름 지는 계곡 깊이 날아 산다

허공을 날아 사는 것들
씨줄과 날줄로 짜여진 비단치마
풀빛 하늘치마 그 폭으로 설 수 없으리

용마폭포공원은 돌산이라
바람소리 풀잎 흔들리는 소리
반도가 타는 혼의 음성

산을 넘을 듯 허공을 날아 실뿌리로 돌아 산다.

종량제 봉투 속에

그래
하늘과 바다
하나
참깨꽃과 살바람
한 몸이다

종량제 봉투 속
찌그러진 우유팩 구겨진 휴지조각
한 덩어리로
흔들흔들

경계도 없는 존재의 한마당

깨꽃잎도 불햇살도
우주 속
더덩실
춤추며 놀다 간다.

싸리꽃 혹은 나비

지고 핀다

뒷담벼락 싸리꽃 한 무더기
싸리대궁 속 꽃잎방이 붙어 산다
담벼락 사이
사이
빈 싸리대궁 꽃나비 갇혀도
아롱아롱
꽃대궁 비안개 가려도
꽃잎 대궁과 같이 가는 길

혼령 떠나간 겉껍질
노대바람 불어도 초록 물줄기 같이 흐르는 것을
싸리꽃 대궁
속살꽃잎
하루 안에 지고 피우는
공(空)이었음을
본다.

대기실의 불빛

깜박 깜박
병실 앞 엘리베이터 불빛은 굴레다

승강기 불빛 따라 자동문 홀로 열리고 닫힌다
은밀한 지붕 오랜 울음 알갱이들 동그란 레일 되어
우-우 몰려 하얀 침상과 링거병 속으로 혹은 복도 커튼에 붙들려
흔들리다 홀연히 사라진다

승강기 불빛 따라 지상과 지하 오르고 또 내리는 영혼의 집
메마른 개나리가지 속 걸어들어 꽃불을 지피는
저건 꽃가지의 혼불인 것을

그러나
나는 오늘 보이지 않는 너를 심판해야 할 시간

지금 등짝이 허무러져 끊어질 듯 간당간당
천길 낭떠러지 매달려 가는 번호판
그 불빛의 심장을 두드리고 또 두드리는
저 폭력의 빛살

정면 대결이다.

병상에서

알았다
둔촌동 국립병원 18호실
링거의 작은 구멍에 그는 갇혔다

며칠 전 병실 나간 중년남자 링거에 꽂혀야 했다
어떤 날은 희뿌연 링거액이 멈춰 있을 때
노인들 긴 복도를 어슬렁
꽃잎이듯 아이들 휴게실로 흘러든다
누구나 링거에 매달려 병실로 들어서면
모두 가족이 된다

혹은 링거대가 홀랑 옷을 벗을 때
순식간 쏴~ 공기 속으로
커튼도 꽃병도 의자도 빨려 간다
지난밤 병실을 나간 아주머니 오물더미인 줄 알았다
링거 때문 아니다

새벽에 한밤에 링거에 꽂혀 들어선 둔촌동 국립병원
18호 병실의 상징이다.

좌판대와 냉이

좌판대에 누운 냉이 달래 돌아갈 길을 잃었다

필봉산 기슭
몸통이 뽑혀져 나온 달래 냉이
골목길 돌아 경동시장 뒷골목 물살에 밀려 좌판대에 누웠다

들어설 신방이 어디 있겠는 가

햇살바람
잎이 마르고 줄기 뿌리가 말라 가는
좌판대에 누운 너를

누구도 막을 수 없다

네 몸
일력장
한 칸 한 칸 채우고 지워져 가는
어느 날
홀연히
좌판대에 누운 너를

완강히
버려질 것을
안다.

장독, 햇살바라기

정월 장독에 장꽃이 피는 건 메주콩의 혼꽃이다

동동
스스로 알몸 터지기까지
사릿문 열리기까지
칼날 정신으로 삼계(三界)의 물길 건너는 메주콩

말씀
하늘말씀이다
해탈의 길
검은빛 단물이 되는 건
영혼 물길 따라
마음도 몸도 풀어내며 건너는 길

저 강물
건너
무지갯빛 내 신방
달빛,
달빛 강물 건너
무애자재(無礙自在)

구도자의 길 가는 별무리를 본다.

* 無礙自在: 무엇에도 방해받지 않고 자유자재함.
* 三界 : 속계(俗界) 색계(色界) 무색계 (無色界).

이화교의 불빛

강물 속
달빛도 불빛도 자동차의 경적도 동그랗게 모여 산다

이화교 아래 이어 흐르는 중랑천
하루살이 날벌레 빌딩의 불빛 자동차의 소음이
물 속 실뿌리로 들어앉아 산다

꿈도
그리움도
모양 다른 하늘 구름도 산다
저들 알리라 노을빛 그림자 타오름이
중랑숲이었음을
지구의 빛알
제 자리를 지켜내는 정신이었음을

아무리 찾아 돌고 돌아
한 몸으로 이어 흐르는
한 핏줄이었음을.

반지의 사유

둥글고 굳은 반지를 손가락 깊이 끼운다
그 둘레
너와 나
벙그는 꽃으로 피어나리라

그대
꿈도 자유도 네가 끼워 준 마음
그건 메말라 가는 고랑마다
풀물로 스며
그 숨결 살려낼지니

그대
나를 옥죄인 억압을 풀어내리니
억압은 죽음일지니
발끝에서 머리끝까지
하나의 핏줄로 돌고 도는
너는
하늘바람
우주인 그대여.

축구공 날다

언제나 공은 뒤에서 날아든다

신내초등학교 운동장
날다
먼 공중을 날아야 살 수 있는
가쁜 숨결 허공에 기댄 채
날다
언제나 그랬다
내 발목 물어뜯거나 뛰어넘어
발과 발 사이
뒹굴어야 살 수 있는

영혼

어느 쪽으로 쏘아올려도
내 것이 아닌 듯
허공 바닥이 밀어 올리는
흔들리지 않으면 공이 아닌 듯
날다

먼 하늘 마당은 공놀이터다.

함백산의 철조망

기찬 일이다
누구도 넘어설 수 없는 함백산 낭간에 걸린 철조망

숲 탓일까 불바람 탓일까
이쪽과 저쪽
바다와 갯벌
완강히 버티고 선 어둠의 쇠창살
날끝을 노려보는 다람쥐는 돌아설 수 없다

넘어설 수 없는 저 담은 크고 작은 운석이라
기어오르고 나뒹굴어도 고통을 즐기며 산과 파도를 넘어야 할
저 벽은 혼꿈이다

스스로 담이 되기까지
꽃물결 되어 다시 돌아오기까지 튼실한 잎새로 매달리기까지

떠나기 위해 새벽을 여는 산다람쥐의 저 담벽은
내 유년의 넋이었음을.

옳고 그름에 대한

비닐에 밀봉된 깐 마늘이 폐기되고 있다
툭
툭
내 비닐 속 부드럽게 기어들었던 것들
황망히 쏟아져 내린다

비닐에 저당잡힌 너를 묶고 밀봉해
옳고 그름에 대한 내 참삶의 결 잃어 가고 있음을
죄인 줄 몰랐다
날자와 시간
눈과 입
콱—콱 밀봉된 비닐 속
그곳에 나는 없고 나를 드러내지 못해
나를 잃어 가고 있음을 버려지고 있음을

어디로 갔을까
내 기억의 산골짝마다 차가운 꽃서리 쌓일 때
쏟아져 내린 깐마늘

기우뚱 기우뚱
해 지도록 허공에 발길질해댄다.

택배

그랬다
아들의 택배를 생각하는 일
첫날 하루의 생을 퍼담는 일이다
지금
어두운 밤길을 오고 있을 택배꾸러미 위
일렁이는 마음의 눈빛
욕망처럼 숨죽이며 엎드려 있다

시간은 기다림의 흔적인 것

봄바람이 횡단보도를 건너
집배원의 자전거 바퀴 속으로 조금씩
제 몸 길을 찾아드는 시간, 기다림
단단한 생각의 힘
나는 첫 마음자리를 견뎌내고 있다.

철조망과 청솔모

함백산 중턱 가로막은 철조망 사이 청솔모 한 마리
사라진다

날선 철조망 그 사이 제 몸을 감춘 청솔모
먼 카리바 호수로 숨었을까
먹구름으로 올랐을까
날선 철조망 저 좁은 통로 사이
핏빛 울음으로 꽉 찬
저건
어두운 통로 속 너를 동그랗게 말아
떠나보내야 할 경계
하나로 이어진 길인지도 몰라
그래
빛부신 빗줄기 또는 검은 영정을 두른 숲들의 수군거림
뚫린 구멍 속 몸싸움이다

애초
저건 고향 가는 길이었음을
한 곳으로 닿는 7번 국도
언뜻 언뜻

청솔모 한 마리
7번 국도를 당겨가고 있다.

바퀴벌레 혹은 흔적

뒤뚱 뒤뚱
바퀴벌레 지나간 자리
꽃자국이 남았다

질척한 하수구 사잇길
지워지고 또는 악취로 단단해진
그 길섶 흔적이 앙상히 남았다

그래
죽음을 딛고 건너온 길
먼 기억을 견뎌내고 있는가

저건
난간 위 걸린 바퀴의 혼
정신의 힘이었음을
증언하고 있다.

둔내의 곤돌라

해 지도록 가고 또 온다

쉼없이 공중을 휘돌아 하늘과 땅 사이 건너는 건
둔내 곤돌라의 레일이다
꽃나비도 전나무도 햇살바람 밀어내는
레일에 매달려 가는
꽃잎 꽃잎들
지우고 피워내는
곤돌라 레일

가고 오는 꽃가마

허공물결 건너 그 너머
사해의 강을 건너는 호랑나비
시간 시간 보내고 맞는
곤돌라 레일

어디도 찾을 길 없다.

산은 산이다

산등성 없어도 산은 산이다

필봉산은 조팝나무 자작나무 배롱나무 떠나 보내
떠나간 것들이
무너진 산허리 상수리 몇 그루 붙들고 섰다
산새도 살바람 찾지 않는 변두리
산은 살아온 기억마저 잊은 듯
오늘을 사는
그러나
산의 바닥 물관이 흐르는 것을
어찌 할 수 없다

그래
할머니 내 할머니
필봉산 나이테로 풀빛 물결로
내 안의 뿌리로 살아
다람쥐 햇살도 새봄 찾아들어
조팝나무 자작나무 이팝나무 새 잎새로 돌아올 것을 안다

필봉산 상수리 잎새 한 잎 한 잎

우주의 십자궁이었음을
필봉산 깊은 뿌리였음을 안다.

필봉산 오르기

온몸 신열이 오른 한철의 봄산
패랭이 실뿌리로 가문비나무 잎새로
바람으로 불길로 산을 오르는 봄
필봉산 오르는 길이 어디 쉬운 일인가
놀라운 일이다
산의 척추가 허물어지고 잘려 나가
찍힌 자국마다 꽃눈 틔워야 하는 봄산
바닥을 드러낼 줄 알지만
웅성웅성
거친 숨결로 일어서는 필봉산
길을 내며 간다
봄산 등성 아래로 산 아래로 가문비나무 잎새 밀어내고
또한
제 몸을 활짝 열어 끝내
한 골짝에 이르게 할 것을 필봉산은
안다.

제3부

익혀내는 건 불꽃이 아니다

노릇노릇
팬 위의 군만두를 익혀내는 건 불꽃이 아니라
바닥의 온기일 것이다

그러나 까맣게 태워 버리거나 설익은 호박부침이 팬의 바닥을
피할 수 없는 건너뛸 수 없는
불꽃의 줄기마다 젖줄이 흐르듯
녹녹히 구워지고 익혀지는 것은
아직 온기가 살아 있기 때문이다

팬의 온기가 달려온 시간과 농익어 품어안은
마음바닥을 일렁이게 하는 힘
피할 수 없는 생존이다

허공으로 허공에 기댄 까치의 날개가 실어 나르는
하늘구름과 산등성을 이루어 나가는 것은
허공바닥이 있기 때문이다.

바라나시 겐지스강변에 서다

경계만이 존재하는 겐지스강

새도 하늘 구름도 강을 찾는
저녁 7시
강물이 흘러가듯 물이 물을 밀어내듯
인파와 인파가 뒤섞이는
강변의 7시
밝음과 어둠
이승과 저승
그 사이로 날아든 불꽃의 눈알이 흔들린다

새도 흙바람도 소음도
겐지스 강물되어 사라져 가는
저녁 7시
겐지스 강변의 꽃노을 모로 돌아누워 간다

보라
저 노을이
사라져 가는 것들의 넋인 것을
불노을 되어 알몸이 훨훨 타고 있다
밝음과 어둠

하늘과 땅끝
다만
하나인 것을 증언하고 있다.

페인트칠하기

핀다
붓자락이 지나간 자리마다
꽃이 핀다

헌 문짝을 칠하다 상처로 흠집난 것들 칠 속으로 젖어들어
붓끝이 지나는 사이
그 속으로 숨어든
꽃잎이 된 상처

그러나
나를 밖으로 드러나지 않게 하는 일
어디 쉬운 일인가
꽃잎은 이미 내가 아닐지 몰라
그 속에 느껴짐도 나부낌도 없는 너는
붓끝에 젖어
오늘 지우고 피우며
속고 속이는 일에 젖어

젖어든다는 것은 너를 잃어 가는 일

누군가

덧칠하는 손길에 뭉개지는 너는
세상 속으로 숨어든
꽃잎

꽃이 진다.

작약꽃 피다

세상길 건너오신 하늘 말씀이다

돌짝밭 밀고 오른 작약송이
으스름 달빛 별빛 물결 건너
초록대궁 문 열고 지구공 오신 꽃거울
거리 거리 울리며 오신다

놀라워라
조각 조각 몸찢겨 무너질
그때
홀연히 오신 눈물방울

보라
이 땅의 위로자
죽음으로 이룬 큰 사랑
어둠길 밝히려 오신 진리의 탑

꽃 한 송이
오늘
내 마음 뜨락에 꽃말씀 내리신다.

이면수를 굽다

저녁 무렵
얼어버린 이면수를 전자레인지에 돌린다

굳어진 살덩이
뒤틀리고 일그러진 몸통과 아가리
빙글빙글
좀체 녹아들지 무너져 내리지 않을 듯
동그란 껍질에 감싸인
굳은 마음이다

그럴 것이다
감춘마음 한 덩이
단단이 다짐한 것이
흔적없이 남기고 가기 어려우리

애초
나긋나긋한 첫 마음 만나면
돌덩어리도 두근대기 시작할 것을
안다.

찰옥수수 김이 오르다

찐 대학찰옥수수 모락모락 김이 오른다

껍질 벗겨진 알몸으로 알알이 빠져 나가는
알갱이 표면이 서서히 식어진다
온기 빠져 나가기 시작할 때 그 끝의
위태로움 안타까움

내 손 안에 움켜진 한 자루의 몸통
울퉁불퉁 굴곡이 사라지기 때문이다

움켜진 손 안의 온기가 날아갈 때
노랑나비 떼의 날갯짓
다시 돌아 올 줄 모른다
찰옥수수 한 자루 안의 실한 알갱이
그 수고로움

온기가 떠나야 할 때
처음 알갱이 아니다

흙에서 났기에
빈 대궁은 그의 몸이 다디 달게 배양되어 다시

대궁의 꽃으로 피어 날
옥수수 알갱이의 길이 흔들린다.

석쇠

앙팡지게 깨물린 꽁치의 흰 살점
불의 강물을 깨금발로 뛰며 즐긴다

건널 수 없는 그러나 넘을 수밖에 없는
저 무아경의 불꽃
눈부신 불길이 뼛속까지 물들어 오는 순간
까맣게 재웅이 되어가는 줄도 모르는
저 그을음은 알까 몰라

사라진다는 것은 또다른 삶을 준비하는 것

넘어야 살 수 있는 바리케이트
만신창이 되어 나뒹굴어지다
무릎으로 기어오르는
저것들

지금
하늘 별꽃으로 피어 오르기 위해
허공벽마다
쾅쾅 제 살을 못질하는 저건
죽어도 죽을 수 없는 네 몸 속

사리인 게야
아니
삶인 게야.

먼 길 가는 쪽파

흘러 흘러 먼 하늘 길 가는 쪽파 냄새

저건
동그랗게 끌어안은 쪽파 마음이다
빛씨알로
볼바람으로 날아간다

옥신각신
혹은 지나는 행인 치맛자락 실려
첫새벽 이슬 냄새로 빠져 간다
너도밤나무 실뿌리
흔들리는 잎새로 견디다 견디다
물기 젖은
그 사이

먼 하늘
하늘바다

마음이란 꽃 피고 지워지는 빛살
생명 꽃밭이다.

더덕껍질을 벗기며

용문산 더덕의 몸에 찍혀지는 알몸을 본다

날끝에 찍혀 날아가는
숨죽이는 더덕 알갱이
와— 와
떠밀려 세상 밖으로 뛰어나오는 산바람
맨발을 봐
풀바람 솔바람 새 떼들의 울음소리
더덕의 알몸을 빠져 나가는 나비 떼

저기
돌바위처럼 당당히 증언대에 오른 산더덕
아니라 아니라 하며
제 몸 껍질이 벗겨지는 산더덕
그 고백을 들으며
야금야금
내 살 구석구석
파아랗게 퍼렇게
초록물이 들어가고 있음을 본다.

중랑숲의 알밤나무

툭
떨어지는 하늘 말씀이다

중랑숲 길을 걷다
눈 깜짝할
사이
알밤 떨어지는 것을 놓쳤다

송송 가시바늘 동그랗게 감싸인
좀체 입 열 것 같지 않듯
흔들리지 않는 것이
입 쩍 벌어져 온몸으로 내리는
불말씀이다

보라
허공길 열어 가는 하늘 말씀
난간도 없는 마음바닥이 밀어낸 것일까
불비로 내리는 그 말씀
지금
밤하늘 올라 별빛 되어 빛나는

하늘말씀
떴다.

자두알이 익어 간다

자두알 속
새의 붉은 울음이 매달려 가고
별빛이 허리 접혀 동그랗게 하루의 울음을 묻는다

비워내고 내려놓는
매운 아픔이 물들어 가는
상처의 자리

달빛이 젖어들어 바람이 살바람을
온몸으로 받아
다져지는 자리

하루의 먼 길을 돌아 만나는
꽃마음 익어 가는
동그란 알 속

진노랑 나비의 울음이 매달려 간다.

팥빙수 만들기

팥빙수 머리 위 올라앉은 저건
바람꽃이다

도저히 내려설 줄 모르는 얼음 꽃방석 위 동그랗게 또아리틀어
마구 흔들어도 뒤집어 섞어도 내려설 줄 모르는 팥알의 습성
전혀 자신을 바꿀 수 없다며 맨처음으로 돌아갈 수 없다며
자신이 정상임을 주장하며 꿈쩍않는다

그래
한여름 단내나도록 홀로 올라야 할
저 얼음 꽃방석
끝내
무너져 얼음물 되어 떨어질 것을
애써 오르는

다디단 팥알의 길이 위태롭다.

서랍장을 뒤적이다

어둡고 은밀한 서랍장 안 잠시 돌아보지 않으면 먼지 날파리 쌓인다

솜털인 듯 좀벌레와 날파리 어디서나 달라붙어
날집을 짓거나 또는 바퀴벌레 질경질경
저건
매일매일 내 육체의 분비물 손톱 머리카락 비듬
자르고 씻어내어도 어디서나 숨어 자라 가는
무관심이 어둠 되어 누웠다

그러나
내 생과 동거해야 할 같이 가야 할
시간인 너를
지금
톡톡 서랍장 바닥을 털어내다
그 속 실금 한가닥
움찔하는 것을 본다.

풋고추전

톡
풋고추의 뱃속을 반듯이 갈라 소를 넣는다
무 배추 고기 잘게 쪼개고 다져 섞고 버무려 갈라진 사이 넣을 때
그것은 어떤 시작의 순간일까

알 듯
모를 듯
간이 젖어들었던 풋고추 생각 이미 새로운 사이 걸어들어야 할
너와 나 사이
마음 놓을까 말까

헐렁해진 그 사이 숭숭 손목 발목 시려웠던
소와 고추는 하나가 되려
때로 뼈가 부서지는 소리
톡
톡
치고 지나간다.

분리 수거

내 목울대를 차오르는 오물덩어리
꾹꾹 눌러 담는다

어제도 오늘도 버려야 할 것들
버리지 못해
옥상으로 안방으로
어딘가로 들어앉아 널브러져 앉아 있다
은밀한 방 베란다도 모른다,
쌓여만 가는 내 마음 안으로 들어와 슬그머니 차지하고 앉는
놋그릇 반상기까지

무엇이든 버리지 않고서 살 수 없는
버리는데, 뒤늦게 치우는
나의 게으름
번번이
내 마음 방 안까지 차지하고 앉는다
허락한 나 자신까지도
여기 골방까지 흘러들어온 것인가.

꽃잎자리

초여름
중랑숲길 오르다 꽃잎 떨어진 패랭이 꽃자리 본다

꽃진 자리
하늘 노을이 걸터앉았다 가고
집 돌아간 아이들 웅성거림이 동그랗게 모여앉은 자리
뾰족이 새순 되어 줄기 헤집고 빛살로 들어서는
지고 피는 하늘자궁이다

저건
제 마음 활짝 열어 불쑥 밀어올리는
중천의 하늘길

그럼
날아보자
활짝 날개 펴고.

기억

안개꽃이 번진다

내 허벅지살
꽃이 핀다
다시 돌아올 수 없는 한때 감꽃이던 것이
먹물이듯 흙물이듯
맨살을 뚫고 오른다

저건
나를 떠나버린 시간
건너올 수도 다시 내려올 수도 없는
잡아줄
손이 내겐 없다

보라
기억은 생각의 곁가지 끝자락
난간에 올라
내려서지 못한다

지금
뿌리 잘린 안개꽃 되어

내려다보고 서 있는
너는.

자리를 버린 잎새

둔턱에 목이 걸린 탓일까
날아가지 못한 마른 잎 새 하나 돌계단 밑 엎드려 있다

익숙함에 붙들린 것일까
앉은 자리 떠나지 못해 제 몸 틀었다 접었다
놓아 주려 하지 않는
저것은
갈바람의 속력에 내 꽃살 둔해져 버린 탓일까
허공 길목마다 산비알마다
사실 얼마나 많은 날갯짓을 꿈꾸었는가

갈바람이 툭 치고 지나자
기우뚱
자리를 버린 황금빛 새가 된 잎새

그 마음 버린 골마다 김이 오른다
초록물길 오른다.

숲속으로 사라진 새

새 한 마리 저녁노을 물든 하늘가를 지나
동백나무 숲속으로 사라져 간다
바람도 새의 웅얼거림도 삼켜 버린 숲의 벽
나를 놓아 주지도 삼켜 주지도 않아
끝내 자리를 떠날 수 없다

자지러지는 해의 꼬리를 밟고선
저 동백은 알고 있을까
의식의 문 누구나 열 수 없다는 것을 알까
숲의 파도가 발치를 물어뜯고 있다
지금, 사라진 그 새는 잿가루 되어 먼지 되어
어둠으로 쌓여 간다는 것을 알까

누군가 동백나무 허리를 가뿐히 끌어안는다
탯줄이 끊어지듯
아— 악
하늘 높이 날아오르는 새 떼들.

소나기마을 가는 길

소나기마을 가는 샛길이 나를 버려도 양평대교 표지판이 허공을 지키며 섰다

표지판 속 여러 갈래 길이 살아
양평대교를 건너거나 유료도로를 질러가는 샛길이 깊숙이 숨겨져
나를 당겨 가기도 한다
그럴 것이다
번번이 내 핸들이 나를 끌고
어긋난 미사리 길로 중미산 길을 오르다 헛된 시간을 밟고
나는 너무 오래 오래 달린다

언제인가
끌려가는 이 길도 태풍 매미에 뿌리 뽑혀져
잡풀 속 나뒹굴어도
어느 날 별빛 되어 눈부시게 빛날 것을 안다.

경강교로 가는 물결

흔들리는 것은 누굴까

경강교로 가는 강물 저토록 먼 길을 날아간다
잡아 주는 손길을 잃어버린 듯
등굽혀 들여봐도 손끝으로 튕겨 보아도
강물은 흔들리며 간다

강의 바닥 편안함이라곤 없는
어디 마음 붙일 수 없는 종잡을 수 없음이 몸을 끌며 간다
어느 쪽으로 동그랗게 돌려 누워도
울퉁불퉁한 저 바닥이 등을 밀어내기 때문이다

어디
흔들리는 것이 강물이 아닌
내가 흔들리는 것을 본다.

오월, 먹골에서

지고
피우고
먹골에 가면 불길 솟듯 솟아나는 배꽃잎
쑥부쟁이 속잎부터 솟는다
개나리 아카시아 분수대 물길이 뒤이어 솟아
나는 가지 끝으로 견디며 달린다

가지 매듭이 솟는 생각이 방울방울
매달려 가고
그러나 얼을 익혀내는 건 아니다
속살 새순이 솟고 날개 퍼덕이듯 깃털 퍼덕일 때
내 먼 길 떠나야 새로운 햇살 날아들고
또 나는 위안의 길
작은 입을 모을 것이다

어둠 속 바람과 가지 사이
사이
완성을 위해 몸을 뒤집는 먹골의 꽃잎
저걸 봐,
우주의 흙을 빨아 몸이 작아질 때 빨려들어가는

저건, 블랙홀이야
블랙홀.

살얼음 밟다

하늘허공이 나를 잡아챈 것일까
벌러덩
중랑숲길을 걷다 서리인 듯 눈발인 듯
낙엽 위 살얼음을 밟았다

좀체 기력을 회복할 것 같지 않은
흙길 바닥이 내 몸을 잡아챈 것

자유일까

저 산책길의 엎드린 낙엽 한 잎
앙상한 가지를 일렁이는 낙엽송을
보라
저건 실뿌리의 정신인 것을

내 몸 미끄러져 맨바닥에 뉘어 버린
숲의 솔바람 저 개구리의 울음
우주 공간의 근원인 것을.

제4부

울진 가는 길 · 1

언덕 너머 8차선 대로를 진입하다
길 속에 묻힌 차선과 신호등

길 속 천천히 드러내는 감추어진 것들
세상길을 나와 쪼그려
설렘으로 익어 가는
저건
이미 내것이 아닌 것을

여기저기 나뒹굴다 산화해 가는
일그러진 시간의 잔해들

지금
시큼대는 신물도 쓴물도 아닌
눈물조차 말라 버린
헛헛한 바람으로 구름으로
허공을 흩어져 간다

나를 밟고 가라 밟고 가라
그저 너는 휘발성이니

허공 어디도 날아가 묻힐 수 있는

너는 순간의 빛남인 것을 .

울진 가는 길·2

깜박 깜박
후정리 마을은 동해바다 품 안에 안겨 살아간다

태풍 사라 손길이 여기까지 이끌고 온 것일까
물새 울음이 풀빛으로 물드는 후정마을
해풍이 거셀수록
청록빛 제 가슴을 활짝 열어 보이더니
지난 밤
뿔뿔이 흩어져 흔적 없는 그 마을
간신히
제 몸 안에 짠물을 흘러 보내서야
초롱초롱
하늘길 열어 가는 후정 마을

내 후정마을이 밤마다 스러져도
신새벽이면 그 바닥 딛고
우뚝
아무 일 없다는 듯
아무 탈 없다는 듯
환히 불 밝히는

내 후정마을은 꿈속이다.

울진 가는 길 · 3

—은빛 날개의 그 새는 어디 갔을까

지금 어디쯤 날고 있을까

함백산 숲속으로 사라진
은빛 날개
그 새를 만날 수 있을까

숲의 벽 앞에 서서
건너뛸 수도 돌아설 수도 없는
벽을 두드리고 또 두드려 보지만
그 은빛 날개 찾을 길 없다

꽃바람 꽃물결
서녁하늘 온통 물들이는데
몸을 떠난 그 새
어디로 사라졌을까

길 떠나간 그 새
고향을 버려야 날아오를 수 있는
그 은빛 날개

그 숲의 벽을 부수는 순간 먼 길을 날아오른다.

울진 가는 길 · 4

실지렁이 한 마리 7번국도를 끌고 간다

구불텅 구불텅
저건 집착이 쏘아올린 열망일까
꿈꾸듯 고요히
꽃하늘을 품은 실지렁이 간다

회오리바람으로 후박나무 잎새로
길바닥에 납작 달라붙어
빈 하늘을 끌고가는 지렁이
너는
애초 마을을 지키는 혼인 것을
동해 바다 파도로
그 파도의 씨알이 되어 가는
너는 이미 후정마을이 아닌

동해 바다의 넋
반도의 정신이었음을.

울진 가는 길 · 5

강구항의 빨간 슬레이트 지붕 허공에 한 발을 짚고 섰다

어디 쉬운 일인가
태풍메기에 실뼈를 드러낸
다시 일어서야 할 무릎뼈의 의지
한밤내 제 속 짠내를 쏟아
견뎌내야 할 빨간 지붕
버려져도 끝없이 배양시켜야 할, 너는
파도의 자락마다
담긴 제 혼빛을 찾아간다

강구항의 의지
향긋한 아침 안개 되어
지독한 그리움으로 고향 집을 찾아간다.

후포항의 파도·6

일어설 듯 일어설 듯
후포항 앞 바다는 파도를 품어안고 살아 간다

저 파도
한밤내 달빛 물결에 알몸 뒤척이더니
지금 마구잡이로 방파제에 올라서는
바다의 속알맹이
그 뼈대일 거야

파도는 바다를 뒤집어
떠나보내지 못한, 눈감지 못한 그 마음
맨바닥을 나뒹굴다
무성하게 자신을 가둔
사무침
저건 죽음인 거야

저 응어리
주검에 맞닿아 있는 파도
바다의 속알맹이

바다는 파도를 품어안고 쌈 싸운 후 길을 연다.

울진과 삼척 사이

삼척과 울진 사이
바닷물의 등성이 넘거나 스러지며 간다

물과 물
사이
문턱이 살아 불줄기 쏟아내며 뜨거움으로 건너는
물의 생각일 것이다

그 사이
굽이를 돌아가거나
우주를 불태우며 담금질하는 동해의 분계선

삼척과 울진 사이 당겨 가는
저건
빛살이 안고 그리움의 힘으로 건너야 문턱이 사라지리니
물길은 애초 하나의 길이었음을
하나였음을.

울진 가는 길·6
—동해 물비늘

동해 바다 물비늘 은빛으로 일렁이다 제 홀로 사라져 간다

분명 내 손에 움켜쥔 물비늘인데 허공 속으로 사라졌는지
함백산 산수유 꽃잎 되어 매달렸는지 뱃고동 소리 되어 동해 떠도는지
그러나
제 집 버리고 떠난 물비늘 바다 밑바닥 뿌리로 산다

지금
동해 물결에 엎혀
처얼썩
처얼썩
서로 맨몸 맨살 뒹굴며 쌈 싸우는 것이 운명이듯
끝내 떠나 보내야 할 저건 시간의 은비늘
애초
네 마음 무너지며 무너진 것들 밟고 새 길이 열리는 동해의 물비늘을 본다.

울진 가는 길 · 7
—갯벌 사냥

물때 따라 뻘 속 몸을 숨기고 살아가는 낙지 조개
그때 낙지 몸통을 찾아
사냥하는 아낙의 손길
뻘 속 깊이 들지만 물들면 거진항을 끝없이
유영하는 것들

저들
햇살바람 칼날로부터 떠나 살 수 있을까 낙지 조개 꽃게 뻘에 태어났기에
생김새 성격 죄로부터 자유로울 수 없는 것
그래 저들 뻘에 살아가야 할
본디 육질을 달게 빨며 배양하려 제 몸 깊이 감추는 것을

지금 슬픈 마음 씻어 내어야 할 죄
두 손바닥으로 박박 문질러 물에 씻고 헹구어 또 헹구어낸다.

울진 가는 길·8
—후포항의 방파제

후포항의 방파제는 바다의 올무다

언제 일어설지 모르는 불길을 껴안고
태풍 메기에 돌아보지 않는 방파제
저건
오만이다
먼 항해 길 떠나는 건널목에 서면
네 꿈의 날개는 너를 이룬 허상일 뿐
보아라
출항을 꿈꾸는 선적은 뿔뿔이 흩어져 돌아갈 것을 알지만
먹구름도 다리목을 건널 때 제 길을 바꾸는 것을

그래
후포항의 방파제는 저녁노을 속
늑골 깊이 감추어 둔 수많은 기쁨 설렘 달아오름을 끄집어내어
물결의 이랑마다 펼쳐보이고 있다.

울진 가는 길·9
—죽변항 호랑나비

이상하다
죽변에 들어서자 호랑나비 한 마리
어느 하구서 왔는지 어디로 향하는지 하루가 가기 전 닿아야 할
길 아닌 길에 맡겨져
노을이 꽃물결 되어 나를 끌고 간다

물결이 바뀌면
마음꽃 버릴 수 없는 길은
결국 바닷물이 또다른 먼 바다로 이르게 할 것을 알지만
너는 어디로 가고
정리되지 못한 파지만 쌓여가는가

그래
끝내 호랑나비 한 마리 온 세상을 끌고 갈 것을
안다.

울진 가는 길 · 10

—후정리 가는 길

후정리 가는 길이 의심스럽다

노랑 동해 운수버스
홀로 달린다
새 구름 응봉산 이어 정동진 휴게소 간판
뒤따라 달려간다
달려가는 건 누굴까
나일까
바닷바람이 달리고 조개 캐는 아낙들이 달린다
슬픈 일이다

글쎄
나는 내 눈이 의심스러워진다
모든 사물이 흔들려 성애 낀 창을 쓸어 보다
바다는 나를 끌고 어디로 가는가
돌아보니
동해운수는 그대로 멈춰 있을 뿐

창 밖
산 구름 바다는 어디로 날아간 것일까

울진 가는 길 · 11

—죽변항의 파도

동해 파도는 해종일 열리고 닫히는 문이다

죽변항의 파도는 하늘자궁이라
선적도 갈매기 떼도 떠나고 날아드는 죽변항
빈 하늘을 안고 살아간다

그러나 서녘하늘 노을빛으로 깁다
순식간 스러지는 저 파도
다시 물길 열어 가는
죽변항 파도는 불너울이다

저걸 봐
그러나 동해 물길 열어 가는
저 무거운 하늘 수레바퀴 돌리는 손길

삼신할머니의 실꾸리인 것을.

울진 가는 길 · 12
—신호음

네 몸의 감옥 벗어날 수 있을까

달빛
별빛
제 알몸 활짝 열어 보여야 할
그 마음 홀로 돈다

떨어져 누운 꽃잎 일으켜 세워
얼마나 날고 싶었는지
기쁨과 서러움
갖고 싶었는지
신호음은 울어 주지 않는다

잡을 듯 붙잡힐 듯
출렁거리는 네 마음 물결
건너고 또 건너

네 몸을 떠나 살 수 있을까

울진 가는 길 · 13

얼마나 기찬 일인가

장독 안 꽃잎, 함박꽃잎
메주덩이 장꽃잎 피어내는 건
날개 퍼덕이듯
바람 속 어디 뵈지 않는
아무것도 아닌
내 몸 잠시 내려놓고
길 건너는 것

흐물흐물

살과 피 풀어내어 홀가분할 때
손털고 떠나가지 못한 안타까움
문득
호랑나비로 날아오르는 아쉬움

저건
몸 두고 떠나가는 마음일 것이다
그럴 것이다.

울진 가는 길 · 14
—괌 리프호텔

궤도를 이탈한 파도의 안타까움일까

침묵인지 소음인지
새 떼도 물빛도 하늘구름도 바닷 바람결에 안겨 한 몸이 된 듯
무성한 초록 잎새들 적당히 흔들리다 바람이 되어 사라진다

내가 띄운 풀잎 하나
꽃물결 속을 돌다 흐드러져 돌아올 줄 모르는
생성하고 소멸되는
돌이끼의 음모는 막을 수 없다

초록 잎새는 우주다 아니 블랙홀이다

궤도를 이탈한 내 잎새는
끝내 수평선이 되었는지 소식도 기척도 없는
저건
달빛을 품어안은 바다의 십자궁인 것을.

* 십자궁: 십자는 수리로 보아 완성을 의미함. 십자궁은 자궁 중에서 밝은 미래를 지향한다.

울진 가는 길 · 15

꿈틀꿈뜰
죽변항의 꽃물결이 넝구렁이 되어 페트병 폐타이어 엉킨 밧줄
토해낸다
쏟아진 것들이 올망졸망 어깨 등에 매달고 방파제 바닥 4방 8방
어둠 속으로 치달려 간다

제 빛난 시간의 무게를 이끌고 가는
저건
물들고 싶은 갖고 싶은
끝내 닿을 수 없는
마음 끝자락

멀리 더 멀리
옹골차게 다듬어
시퍼런 뼈대로 서기까지
사뿐사뿐 나비로 날아오르기까지

식은 땀 쏟으며 뜨겁게 자신의 죄를 토해내고 있다.

울진 가는 길 · 16

먹구름이 파도 한 자락 데리고 가는, 그러나 묵호항은 모른다

선술집 여인 앙칼진 목소리 패대기쳐 선채를 입에 깨물고
먼 바다 속으로
그 속으로 날아가고 있다

너는 가슴에 품고 있었구나
등대도 뱃고동소리도
기척 없이 밀려드는
동해파도 납작 엎드린 가오리 한 마리 잡아채어
불기둥 되어 달려가는 걸 봐

저건 별들의 함정일까
아니 모반일까

그 누구도 모른다
동해바다의 은밀한 마음바다을 암흑의 그 바닥을
힘껏 빠져 나온 자만이
먼 항해 길을 오를 수 있음을

움켜진 아픔 한 조각 끝내 놓아버리고 말 것을

방파제는 서둘러 파도를 떠나보낼
궁리만 한다.

울진 가는 길 · 17

—괌, 사랑의 절벽

노랑나비 따라 숲길을 오른다

나비는 종탑을 돌아 허공을 돌아
태평양 바다를 나래에 싣고
연인 없는 사랑의 절벽을 오른다

노랑나비 꽃나래 뒤틀 사이
태평양 물길이 뱃길이
지워지고 세워지는 태평양 바다
그러나 바다에 모래가 없다

바람과 흙과 바다
애초
나비의 날개 위 살아가는
실어 나르는
저 모시천 같은 얇은 날개라니

내 고향 하늘 벌바위가 그립다.

자아의 탐구와 구원의 메시지

김우종
(문학평론가)

1. 자아의 탐구

창작활동은 예술가가 자아 탐구를 통해서 끊임없이 자신을 재구성하고 새로 태어 나가는 작업이다. 우리는 모두 모태에서 자라고 밖으로 나오지만 다시 우주 공간이라는 자궁 속에서 새로 구성되며 완성을 지향한다.

사람은 누구나 그렇게 무엇이 되기 위한 존재로 태어나며 시인은 시창작행위를 통해서 그 무엇으로 자신을 완성시켜 나가는 작업을 계속한다. 그 작업을 위해서 그들은 끊임없이 '나는 누구인가, 나는 무엇인가, 나는 어디로 가는 것인가'라는 질문을 반복해 나가야 할 것이다. 이명혜 시인의 제4시집 『경호강』은 이같은 '자아탐구와 완성'을 위한 질문이며 그 대답이다.

이는 포올 고갱이 마지막에 유작을 남기며 끊임없이 자문자답하고 예술가로서 거듭 태어남을 보여 주려고 한 행위와도 비슷하다.

태평양 한가운데 타이티 섬에서 그가 마지막 불길처럼 타오르는 창작의 열기로 남긴 대작에는 좀 긴 제목이 붙여져 있다. '우리는 어디서 왔는가 우리는 무엇인가 우리는 어디로 가는 것인가' (1897년)다.

이명혜 시인은 남태평양이 아닌 한반도 남쪽 지리산과 덕유산의 물줄기가 만나는 산청의 '경호강'에서 이런 질문을 반복하고 시집으로 묶었다. 이것은 작자가 자신의 고향을 배경으로 해서 써나간 것이기에 개인적 인생론이 되지만 누구나 운명적으로 그 민족의 긴 시간과 공간으로 내던져진 존재이기에 그것은 역사 속의 자아의 탐구라는 점에서 '우리의 인생론'이며 한반도의 한국인론이 될 수도 있다. 그리고 이것은 우리의 근원적 삶의 뿌리를 탐구하고 있다는 점에서는 시로 쓰는 철학이 된다.

이명혜의 철학은 우선적으로 허무주의적인 색채가 짙다. 작자의 말을 빌리면 공(空)의 사상이 되지만 그의 고향과도 인연이 있는 미륵의 구원사상은 근원적으로는 허무주의에서 출발한다. 그리고 그 허무주의의 이미지가 경호강이다. 그곳은 슬픔과 기쁨과 이념의 갈등 등 한반도의 온갖 모순이 너그럽게 받아들여지고 하나가 되므로 미륵의 구원의 자리이기도 하지만 그것은 모든 것이 원점으로 돌아가서 무(無)가 되어야 한다는 것이 전제되기 때문에 허무주의다.

작자는 이 과정을 「술래잡기」에 비유하고 있다.

해질녘 아이들 뿔뿔이 돌아간 놀이터
떡갈나무 그림자 사이 전봇대를 돌아
나의 술래놀이는

신새벽 부터 으스름 저녁까지 잡히지 않는

이생의 놀이다

—「술래잡기 —자화상」 부분

2. 우리들의 방황

이 시인이 이렇게 한 평생 찾아다니는 대상은 작자 자신이다. 그런데 신새벽부터 으스름 저녁까지 아무리 헤매도 자신은 잡히지 않는다. 그것은 고갱의 그것과도 같다. 그는 타이티 섬을 낙원이라고 친구들에게 말했지만 그를 따라 그곳까지 가주는 친구는 아무도 없었다. 낙원이라는 말이 의도적인 거짓말이 아니면 스스로 속고 있다가 '우리는 어디서 왔는가 우리는 무엇인가 우리는 어디로 가는 것인가' 하고 방황하며 미아가 된 자신을 본 것이다. 그처럼 이 시인은 '잡히지 않는 놀이터'에 마침내 탈진한 몸으로 혼자 남아 있는 셈이다. 그래서 차라리 모두 사라져 버리고 의미가 상실된 빈자리 빈 하늘이라고 결론을 내리고 있는 셈이지만 그것은 작자자신이 술래잡기의 선수가 아니기 때문이 아니다. 작자가 역사적 존재로서의 자아라면 그것은 그의 책임이 아니기 때문이다. 한국인으로서의 이명혜 시인은 그럴 수 밖에 없다.

3. 경호강의 울음 소리

이명혜 시인의 술래잡기 놀이터는 경호강이다. 경호강은 이름 그대로 자기 얼굴의 영상이 떠오르는 거울 경(鏡) 호수 호(湖)다.

이 시인은 자신의 고향인 산청의 경호강 물줄기를 바라보고

수면 밑바닥을 들여다보는데 일렁이는 파도와 몸짓과 물소리에서 할머니 할아버지의 스러져 가는 신음 소리를 듣기도 한다.

노랑나비 봄 하늘
뿔뿔이 길 찾아 떠나도
저녁노을 산마루 넘어
널비 마을로 내려 올 것을 안다

산 가슴 가슴마다
할아버지
할아버지 얼이
안개비로 날리는데

—「꽃 필 무렵」 부분

봄이 오고 노랑나비는 산 너머로 가버렸다가도 다시 돌아 올 것을 알지만 그 곳에는 할아버지의 얼이 안개로 날리고 있다. 그 할아버지는 아득히 구형왕으로 이어진다. 나라를 잃어서 차라리 돌무덤에 묻히도록 유언을 남긴 비극의 왕이며 경호강의 물소리도 그의 울음소리다.

4. 우리는 어디로 가는가

그런데 이 땅의 미래는 늘 물 안개 속에 갇혀 있기 때문에 시야가 맑지 않다. 미래는 예측할 수 없는 카오스나 다름없으니 작자의 술래 잡기는 고난의 순례일 수밖에 없다.

하늘빛 닮은 금강산 물결이 굽이 돌아
울음이 된 임진강
둥 둥

봄 고향마을 생명수로 8도 강산
내일 향해 문을 열어가는
물안개의 미래는 어제인 것을.

—「어제와 오늘」 부분

금강산물이 굽이 돌아 울음의 임진강이 되었다면 그것은 비극의 남북분단이다. 그리고 임진강의 물안개는 아리송하다. 분단의 벽이 언제 헐릴지 물안개의 미래는 아무도 알 수 없다. 그것은 작자도 모르고 있고 이 글을 쓰는 이 시간에 만나서 우리의 운명을 논한다는 남과 북과 태평양 건너 출세한 부동산업자를 비롯한 누구도 모른다.

5. 역사를 전하는 강물

작자는 경호강을 역사의 이미지로 기록하고 있다. 실핏줄이라는 표현이 그렇다. "강물에 상추 쑥갓 헹궈내다/ 건져 올리지 못한 실파 한 가닥/ 어딜까" 하던 「어머니의 강」, 맑은 강도 실핏줄이요 빨찌산의 슬픈 역사를 말해주는 덕유산 지리산자락도 경호강의 실핏줄이다.

지리산 덕유산 계곡 지나
굽이돌아

나를 넘어 넓어지는 나를 꿈꾸며 간다
달빛도 물풀도
천장의 넋을 흘려 보내며 살아간다

핏빛,얼룩진 혼을 건져 마알갛게 닦아 산다

—「떠나 사는 강물」 부분

지리산 뱀사골 덕유산에는 공비토벌 전적비도 많다. 국군과 경찰의 죽은 혼을 기억하는 전적비들이지만 조정래 「태백산맥」 주인공들 의 말없는 전설도 많다. 그것은 모두 경호강 실핏줄이며 이것이 '핏빛 얼룩진 혼'의 전설이 되고 흐느끼는 강물 소리가 되어 흐르고 있다.

경호강은 마치 호머가 트로이전쟁을 말해 주듯이 이명혜 시인이 말해주는 전설의 고향이며 그 역사가 아직도 끝나지 않은 자리에 작자가 서 있기에 그 역시 역사의 주인공의 하나가 되고 증인이 되고 있다.

6.구원의 강물

작자는 물론 이 비극의 역사를 극복하려 애쓴다. "저건 네 몸과 영혼 속 가둘 수만 없는/ 뜨거움 북받쳐 오름이라는 것을." (「샛강이 떴다」)이라고 했듯이 가는 길이 멀고 버거우면 샛강처럼 질러가는 뜨거운 정열을 작자는 경호강에서 보고 있다. 그리고 경호강이 흘러가며 기억하게 되는 옛 가야국 구형왕의 돌무덤을 통해서 백성들의 울음 소리를 들려 주고 있다. 그것은 '풀꽃 수레에 실려 간 지리산 공비'의 전설을 비롯해서 한반도 전 지역의 아픔의 전설이 계곡물이 되어 산청에서 하나가 된 역사의 증언들이다.

돌무덤이
필봉산 풀꽃 수레에 실려 지리산 공비로
안개 너머 가신 최씨 할머니
우주로 돌아간 것을
경호강은 알까

보라 동이의 하늘 구형왕의 돌무덤
가야백성 울음이 계곡을 돌아 흐른다

깜장 돌멩이 빛으로 날아
가야의 한마음이
경호강 물결로 이어 흐른다.

—「구형왕의 돌무덤」 부분

그런데 이 시인은 이렇게 지금도 여전히 같은 물소리로 흐르며 말하고 있는 역사와 들려 주고 있는 신음 소리를 전하고 있지만 그것이 술래잡기의 답이 되기는 어려울까? 작자는 끊임없이 '나는 누구인가 나는 무엇인가 나는 어디로 가는 것인가'라고 경호강을 바라보며 질문을 반복하지만 나라 잃은 구형왕과 가야백성의 울음을 확인하는 것이 결론이다. 그렇지만 중요한 것은 그 역사에 대한 생생한 기억이다. 표현기법이 직설적 설명문이 아니고 역사를 기억하는 많은 언어의 파편들을 은유법으로 구사해

나간 것이기에 구체적 기록 장치는 아니지만 전달 내용은 분명히 역사의 기억이다.

일본 교토시의 우지천 출렁다리 밑에 최근(2017년)에 세워진 윤동주 시비에는 '기억과 화해의 비'라는 문구가 새겨져 있다. 후쿠오카에서도 오래 전부터 '기억'을 위한 윤동주시비건립운동이 전개되어 오고 있다. 기억이 곧 역사적 과오를 반복하지 않고 평화를 지키는 최선의 길이기 때문이다. 경호강을 바라보며 끊임없이 반복하는 작자의 술래잡기는 역사의 기억을 되새기는 작업이다. 경호강이 그런 역사의 목소리를 내는 기억 장치이며 어쩌면 이것이 그가 찾는 술래잡기의 답일지도 모른다. 모든 지난날의 모순을 어머니의 품안처럼 하나로 끌어안고 상처를 아물리며 맑은 물이 되어 바다로 흘러 가는 경호강의 메시지가 바로 구원이 아닌가? 작자는 술래잡기에 지쳐 있지만 이미 그것이 정답임을 알고 있기에 이렇게 시집으로 결론을 보여 주고 있을 것이다.

이명혜 시집_ 경호강

초판 인쇄 | 2020년 1월 25일
초판 발행 | 2020년 1월 30일

지 은 이 | 이명혜
발 행 인 | 이광복
편집국장 | 김밝은

펴낸곳 | 사단법인 한국문인협회 月刊文學 출판부
주소 | 서울시 양천구 목동서로 225 대한민국예술인센터 1017호
전화 | 02-744-8046~7
팩스 | 02-743-5174
이메일 | klwa95@hanmail.net
등록 | 2011년 3월 11일 제2011-000081호
ISBN 978-89-6138-423-0 03810

값 10,000원